Género Ficción realista

I0799138

Pregunta esencial

¿Cuáles son algunos de los mensajes en los cuentos de animales?

La sabiduría de los ancianos

Lina Patricia Cruz
ilustrado por Jacobo Muñiz

Capítulo 1

Quispina, el pueblo

En la falda de una de las tantas montañas de la cordillera de los Andes había un pueblo llamado Quispina. Este nombre lo recibió hace mucho tiempo y significa "guarida" o "refugio".

En Quispina vivía un grupo de campesinos que labraban la tierra y criaban animales. Llevaban una vida tranquila y organizada. El canto de los pájaros multicolores los saludaba todas las mañanas y el canto de las ranas los arrullaba en las noches. El aire era limpio y de noche el cielo parecía un tapiz cubierto de estrellas.

En general, los campesinos de Quispina tenían un gran respeto por todos los animales. Sin embargo, las llamas eran sus animales más apreciados, pues los ayudaban en el transporte de agua y alimentos. Además, su lana les servía para fabricar sacos, mantas, gorros y ponchos.

Quispina tenía paisajes y ambientes muy atractivos. Allí se sentía el encanto de sus verdes paisajes. En las altas montañas había casitas blancas que casi alcanzaban las nubes. Las habitaban personas cordiales, hospitalarias y trabajadoras.

La rutina diaria de los habitantes se iniciaba en la madrugada. Llevaban las llamas a pastar y a beber agua en las orillas del río Urubamba. Luego las cargaban con alimentos y utensilios, que las personas intercambiaban con los pueblos vecinos. También ordeñaban vacas, daban alimento a las gallinas y hacían hilo con la lana de las llamas.

Los niños iban a la escuela del pueblo donde, además de aprender a leer y escribir, aprendían a sembrar en la huerta, cuidar la conejera y regar las plantas.

Una vez al año, en julio, los habitantes de Quispina celebraban la Fiesta de la Cosecha. Ese día, se reunían en la plaza principal del pueblo y mostraban a sus mejores animales y llevaban los mejores productos de todas las cosechas. Con estos alimentos, preparaban un gran banquete. Allí comían todos juntos y era evidente la unión del pueblo.

Los ancianos interpretaban bailes típicos de la región, como la danza de las tijeras, y los niños cantaban en aimara, la lengua indígena de sus ancestros.

Detective del lenguaje

La palabra subrayada es un sustantivo común. Encuentra otros sustantivos comunes en esta página.

Curiosamente, el día de la Fiesta de la Cosecha siempre era soleado. El sol brillaba con todo su esplendor, iluminando el verde de las montañas y la plaza del pueblo. Además, en el cielo no había nubes, por lo que el azul celeste era espectacular.

Las personas de otros pueblos venían a disfrutar de este ambiente festivo y aprovechaban para comprar los preciosos tejidos y adornos elaborados con lana de llama. También se deleitaban con la música y la comida. El día de la Fiesta de la Cosecha, Quispina se convertía en el pueblo más famoso y alegre de toda la región.

Capítulo 2

El aviso de las llamas

Un día de julio, mientras se celebraba la Fiesta de la Cosecha, ocurrió algo inesperado. Las llamas de la exhibición comenzaron a saltar de un lado a otro. Estaban muy alteradas. Nadie entendía lo que estaba pasando y cada uno decía algo diferente:

—¡Alguien las espantó! —gritó una señora.

—¡Se asustaron con la música! —dijo un joven.

—Están asustadas con nuestra presencia —dijo en voz baja un niño muy simpático.

—Posiblemente quieren regresar a las montañas —dijo el maestro de la escuela.

—Las llamas están cansadas —manifestó Maruja, la esposa del alcalde.

—Las llamas están enfermas porque les dieron comida en mal estado —dijo José, el alcalde, un hombre delgado, alto, pelón y de voz gruesa.

Y así, cada uno decía algo diferente de acuerdo con su imaginación. Todos se centraron en encontrar una razón y explicar este hecho, pero nadie se preocupó por calmar a las llamas.

Las llamas seguían saltando de un lado para el otro. Luego, algunos hombres intentaron agarrarlas. Aunque les tiraron lazos para sujetarlas, ellas se soltaron con rapidez y agilidad.

Los ojos de las llamas estaban muy abiertos y se veía una horrible desesperación en ellos.

Detective del lenguaje	**La palabra subrayada es un sustantivo común. Encuentra otros sustantivos comunes en esta página.**

Al fin, un anciano se acercó a las llamas y les habló en aimara, la lengua de sus ancestros. Poco a poco, los animales comenzaron a calmarse y se fueron posando frente al anciano. Él, en tono solemne, se dirigió a la multitud que lo observaba sorprendida:

—Estos animales están muy asustados, y tienen razón para estarlo. Ellos sienten cuando algo no está bien. Algo muy malo va a ocurrir en Quispina.

José, el alcalde, no sabía mucho acerca de las labores del campo y del comportamiento de los animales, así que lo interrumpió inmediatamente:

—Abuelo, no crea en esas cosas. Los animales son animales. No pueden presentir lo que pasará. Mi sugerencia es que las lleve a la montaña para que puedan pastar y beber un poco de agua, y verá que se pondrán mejor.

Luego se dirigió a la multitud, que observaba cómo el anciano se alejaba con las llamas.

—¡Volvamos a la fiesta! —exclamó José—. No hay más para comentar.

Detective del lenguaje	**La palabra subrayada inicia con mayúscula; es un sustantivo propio. Encuentra otro en esta página.**

La fiesta terminó en la noche. Los campesinos regresaron a su casa muy felices porque se habían divertido mucho, y si no hubiera sido por los saltos de las llamas, todo habría sido perfecto.

José, el alcalde, también regresó a su casa, y antes de dormirse le dijo a Maruja, su esposa:

—¿Qué te parece lo que pasó hoy con las llamas? ¿Qué opinas de lo que dijo el anciano?

Maruja le contestó:

—No considero que unas llamas presientan lo que va a pasar. ¡Te imaginas lo que habría sucedido si la gente le hubiera creído!

—Sí, mujer, se habría arruinado nuestro hermoso festejo. Pero no estoy seguro de que actué correctamente al pedir que se llevaran las llamas. ¿Y si el anciano tenía razón? —respondió José con voz cansada pocos instantes antes de quedarse dormido.

Capítulo 3

Pasó lo inesperado

Transcurrieron varios días y a todos se les olvidó lo que había sucedido con las llamas durante la Fiesta de la Cosecha. Todo seguía como si nada hubiera pasado.

Los habitantes seguían en sus labores cotidianas. Llevaban los productos a los mercados de los pueblos vecinos. Ordeñaban las vacas. Los niños iban a la escuela muy contentos. Los pájaros multicolores cantaban en las mañanas y las ranas, en las noches.

En Quispina se respiraba un ambiente tranquilo.

Pero un día, mientras las llamas bebían agua a orillas del río Urubamba, comenzaron a correr desesperadas y angustiadas. Brincaron sobre las cercas y corrieron hacia la cima de la montaña más próxima.

Después se escuchó un ruido extraño, fuerte y ronco. Todos los habitantes del pueblo lo escucharon. Inquietos, se apresuraron a salir para averiguar qué estaba sucediendo.

Asombrados, vieron cómo una avalancha de lodo avanzaba rápidamente. A su paso, tumbaba árboles y todo lo que hallaba, ¡y se dirigía a Quispina!

Una pared de la represa, ubicada en lo alto de la montaña, había cedido. El agua estaba fuera de control.

Los campesinos parecían estatuas. Por un momento, en Quispina solo se escuchaba el gran sonido del agua que arrasaba con todo lo que encontraba a su paso.

Capítulo 4

El agua casi arrasa con todo

—¡Increíble! ¡El anciano tenía razón! —gritó el alcalde.

El pánico se apoderó de los habitantes del pueblo, pues creían que allí acabaría todo. Sin embargo, a algunos los cegó la codicia: solo pensaban en sacar el dinero y los objetos más preciados que tenían en casa.

Los niños estaban muy asustados, y sus padres intentaban consolarlos. Nadie sabía qué hacer. ¡Pronto llegaría la avalancha al pueblo!

El alcalde reconoció que se había equivocado. Era un hombre honesto. Fue corriendo a buscar al anciano que había interpretado el presentimiento de las llamas. Le pidió el favor de que le ayudara a organizar a su pueblo, así se salvarían todos. Quería salvar a los habitantes y a los animales. ¡El tiempo se agotaba!

—He vivido largos años. Entiendo que la naturaleza es sabia y que los animales pueden sentirla —dijo tranquilamente el anciano—. Reúne a todos los habitantes. Diles que deben actuar con calma y rapidez. No es el momento de preocuparse ni pizca por los objetos que tengan en sus casas. Lo más importante es la vida.

El alcalde reunió a todas las personas del pueblo.

—Reconozco mi error al no haber considerado la capacidad que tienen las llamas de percibir las vibraciones de la tierra —admitió el alcalde humildemente—. El anciano me ha dado unos consejos para estar a salvo. Presten atención: no podemos dejar que el pánico se apodere de nosotros, necesitamos estar unidos, debemos ser muy solidarios y solo cuidaremos de las personas y los animales.

—La barrera de piedra que rodea el pueblo retendrá la avalancha durante algunos instantes; eso nos dará tiempo para resguardarnos en la cima de la montaña —continuó el alcalde mientras tranquilizaba a los habitantes—. Cada uno tomará de sus casas únicamente a los animales. ¡Debemos apresurarnos!

Los residentes de Quispina siguieron las indicaciones. Cuando estaban a salvo en la cima de la montaña, la avalancha cubrió el pueblo.

Todos sobrevivieron. Las indicaciones que el anciano había dado al alcalde fueron acertadas.

El anciano, José, el alcalde, y todos los habitantes ayudaron en la reconstrucción del pueblo.

De esta lección todos aprendieron dos cosas valiosas. Primero, la sabiduría de los ancianos es muy poderosa. Segundo, la unión en un pueblo lo mantiene a salvo en situaciones adversas.

Respuesta a la lectura

Resumir

Usa los detalles más importantes de *La sabiduría de los ancianos* para resumir el cuento. Usa el organizador gráfico como ayuda.

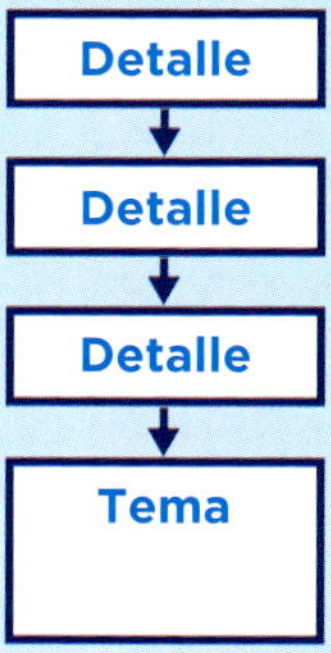

Evidencia en el texto

1. ¿Cómo sabes que este cuento es ficción realista? Identifica dos características que lo sustenten. **GÉNERO**

2. ¿Cómo aprendieron los campesinos de Quispina la lección? Incluye detalles del cuento en tu respuesta. **TEMA**

3. ¿Cuál es la raíz de la palabra *preciosos,* en la página 5? ¿Qué otra palabra puedes formar con esta raíz? **RAÍCES DE PALABRAS**

4. Escribe acerca de lo que el anciano advirtió a los habitantes de Quispina, cómo lo tomaron ellos y qué pasó al final del cuento. **ESCRIBIR SOBRE LA LECTURA**

Género **Fábula**

Compara los textos

Lee para saber acerca de una zorra que se creía muy lista hasta que conoció a un gato.

La zorra y el gato

Érase una vez una vieja y astuta zorra muy ingeniosa. Era una timadora. Le gustaba idear trucos y trampas para engañar a todos los animales del bosque.

Gato no se parecía a Zorra. Él era curioso, simpático, prudente y amable. No le gustaba para nada engañar a los otros animales. Prefería acostarse a dormir bajo el sol.

Un día, Zorra y Gato hablaban de cómo escapaban de sus enemigos.

—Bueno, pues yo uso varios trucos cuando necesito escapar —fanfarroneó Zorra—. Puedo correr con mayor velocidad que ellos, puedo burlarlos y ser más astuta. En realidad, tengo cientos de formas para escapar del peligro.

Illustration: Robert Ebertz

Gato escuchaba los alardes de Zorra. Él sabía que no necesitaba muchos trucos para escapar de sus enemigos.

—Yo poseo nueve vidas —le explicó a Zorra—. Y todavía las tengo todas, gracias a mi original forma de escapar.

Zorra estaba tan ocupada describiendo sus trucos, que ni siquiera le preguntó a Gato cuál era su método original para escapar.

—Puedo cavar un gran hoyo para que los cazadores caigan dentro cuando me persiguen —continuó Zorra—. También puedo esconderme en un montón de hojas de otoño para que los sabuesos no puedan verme. Puedo envolver mi cuerpo con mi cola grande y espesa, y simular que soy una ardilla dormida, también puedo...

Zorra estaba tan concentrada en sus alardes que no escuchó la enorme jauría de caza que se acercaba.

Tan rápido como un rayo, Gato se esfumó y saltó a un árbol cercano. Llamó suavemente a Zorra desde su escondite.

—¿Qué vas a hacer ahora, Zorra? ¿Cuál es tu plan de escape?

Zorra continuaba en el mismo lugar bajo el árbol.

—¡Hum!, podría ensayar esta vía de escape, —decía—. Un momento... ¡Espera un minuto! Esta puede ser una mejor forma de escapar... ¡Oh!, esta es una idea brillante...

Y siguió así. Zorra pensaba en un plan y después en otro... Pero mientras lo hacía, los perros de caza se acercaban más y más. Y aunque acababa de concebir el que tal vez era su plan más brillante, ya era demasiado tarde. ¡En ese momento, los perros la rodearon!

Moraleja: Si Zorra tan solo hubiera sabido que es mejor tener un plan bien meditado que cien planes que no funcionan, ¡ella todavía estaría aquí para contar el cuento!

Haz conexiones

¿Cuál es el mensaje del relato *La zorra y el gato*? **PREGUNTA ESENCIAL**

Compara al anciano de *La sabiduría de los ancianos* con el gato de *La zorra y el gato*. ¿En qué se parecen? ¿En qué se diferencian? **EL TEXTO Y OTROS TEXTOS**

Illustration: Robert Eberz

Enfoque:
Elementos literarios

Imaginería La imaginería es el lenguaje descriptivo que nos ayuda a formarnos una idea mental más clara. Los escritores se valen de la imaginería para describir cómo se ven, se sienten, suenan, huelen o saben algunas cosas. Gracias a la imaginería, podemos comprender mejor un relato.

Lee y descubre En la página 5 de *La sabiduría de los ancianos*, la autora usa las palabras "brillaba con todo su esplendor, iluminando el verde de las montañas", para ayudarnos a imaginar cómo brillaba el sol el día de la Fiesta de la Cosecha. En la página 2, la autora describe los sonidos de los animales. De esta manera sabemos qué sonidos oían los habitantes del pueblo al amanecer y al anochecer.

Tu turno

Elige un personaje, un lugar o un suceso de *La sabiduría de los ancianos*, y utiliza imágenes para describirlo llamativamente. Escribe tu descripción y luego muéstrala a tus compañeros de clase.